Libro De Americ...

Recetas De Cocina Americana. Recetas Deliciosas Explicadas Paso A Paso Para Hacer Tus Platillos Favoritos En Casa (Spanish Version)

Valerio Cal

Tabla de Contenidos

INTRODUCCIÓN 7
CAPÍTULO 1: LOS MEJORES DESAYUNOS 11
    MAGDALENAS DE MANZANA Y MAÍZ 11
    PAN DE MANZANA CON GLASEADO DE VAINILLA 14
    PAN DE BANANA 16
    BIZCOCHOS Y SALSA 18
    GALLETAS CON CHEDDAR 20
    HUEVOS BENEDICTINOS 22
    MANZANAS FRITAS 24
    PANQUEQUES DE LIMÓN Y ARÁNDANOS CON RICOTTA 26
    AVENA DE PASTEL DE CALABAZA DE LA NOCHE A LA MAÑANA
   28
    GOFRES DE PATATA 30
    SANDWICHES DE SALCHICHA, HUEVO Y QUESO PARA EL
    DESAYUNO 32
    HUEVOS REVUELTOS CON QUESO CREMA 34
    SÉMOLA AL ESTILO SUREÑO 35
    MUFFINS DE BATATA CON COBERTURA DE AZÚCAR Y CANELA
   37

CAPÍTULO 2: LOS MEJORES CON POLLO........................41
    POLLO Y DUMPLINGS 41
    POLLO CRUJIENTE AL HORNO 43
    POLLO A LA NARANJA EN CROCKPOT 45
    POLLO A LA MIEL Y AL AJO 47
    POLLO RELLENO DE MOZZARELLA A LA PARMESANA 49
    PECHUGA DE POLLO RÁPIDA Y FÁCIL EN EL AIR FRYER 51
    POLLO ASADO CON SALSA 53

CAPÍTULO 3: LOS MEJORES DE CARNE MOLIDA 57
    GOULASH DE TERNERA AMERICANO 57
    HAMBURGUESAS A LA BARBACOA 60

Cazuela de ternera con queso al estilo de Texas 62
Sloppy Joes con chile chipotle 64
Chili de Cincinnati 66
Pastel de carne familiar 68
Hamburguesas de tocino y queso glaseadas 71
Pastel de carne al pastor en una sola sartén 73
Tacos de carne de Texas 76
Hamburguesas glaseadas con Worcestershire 78

CAPÍTULO 4: LOS MEJORES CON CORTES DE CARNE 81

Carne a la Stroganoff 81
Filete de pollo frito 83
Bistec a la pimienta en Crockpot 86
Sandwiches de queso de Filadelfia 88
Quesadillas de cheesecake 90

CAPÍTULO 5: LOS MEJORES CON MARISCOS 93

Bacalao en Air Fryer 93
Bagre al horno 95
El mejor sandwich de atún 97
Sándwich de bagre ennegrecido con col y aguacate 99
Rollo de langosta al estilo de Connecticut 101
Tazones de gambas y lentejas de la Costa Este 103
Platija al ajo y parmesano 106
Trucha frita al limón 108
Salmón con tocino y maple 110

© **Copyright 2021 por Valerio Cal. Todos los derechos reservados.**

La obra aquí contenida ha sido elaborada con la intención de proporcionar conocimientos e información relevantes sobre el tema descrito en el título con fines exclusivamente de entretenimiento. Aunque el autor ha hecho todo lo posible por proporcionar información actualizada y veraz, no se puede hacer ninguna aseveración sobre su exactitud o validez, ya que el autor no ha hecho ninguna afirmación de ser un experto en este tema. No obstante, se pide al lector que investigue por su cuenta y consulte a los expertos en la materia que considere necesarios para garantizar la calidad y la exactitud del material aquí presentado.

Esta declaración es jurídicamente vinculante según el Comité de la Asociación de Editores y la Asociación de Abogados Americanos para el territorio de los Estados Unidos. Otras jurisdicciones pueden aplicar sus propios estatutos legales. Cualquier reproducción, transmisión o copia de este material contenido en esta obra sin el consentimiento expreso y por escrito del titular de los derechos de autor se considerará una violación de los derechos de autor según la legislación vigente en la fecha de publicación y posteriormente. Todas las obras adicionales derivadas de este material pueden ser reclamadas por el titular de estos derechos de autor.

Los datos, las representaciones, los acontecimientos, las descripciones y cualquier otra información se consideran verdaderos, justos y exactos, a menos que la obra se describa expresamente como una obra de ficción. Independientemente de la naturaleza de esta obra, la Editorial se exime de cualquier responsabilidad de las acciones realizadas por el lector en relación con esta obra. La Editorial reconoce que el lector actúa por su propia cuenta y exime al autor y a la Editorial de cualquier responsabilidad por la observancia de los consejos, asesoramiento, estrategias y técnicas que puedan ofrecerse en este volumen.

Introducción

Felicidades por haber adquirido *Cocina Americana*, y gracias por haberlo hecho. En los siguientes capítulos hablaremos de una enorme variedad de deliciosas recetas que podrás disfrutar a diario. Si estás buscando comidas y postres deliciosos con instrucciones fáciles de seguir, has llegado al lugar correcto. Aprenderás a preparar platos que tus amigos y familiares podrán disfrutar en cualquier momento durante muchos años.

Podrás elegir entre deliciosos platos para el desayuno, carne de vaca, cerdo, mariscos, pasta y mucho más. Disfruta de verduras y frutas saludables aprendiendo a preparar una serie de postres únicos.

En primer lugar, vamos a preparar la cocina con algunos utensilios esenciales y otros artículos. Echa un vistazo a esto:

Termómetro digital de lectura instantánea para carne: Puedes estar seguro de que tus carnes están bien cocinadas según tu receta si tienes este práctico artilugio en tu arsenal de herramientas. Por ejemplo, Walmart tiene uno por unos 10 dólares. Si eres un principiante o simplemente quieres asegurarte de que tus carnes son seguras para comer, ¡la inversión se amortiza sola!

Herramientas de medición precisas: Es esencial contar con un sistema de tazas y cucharas medidoras que muestren el peso tanto en el sistema estadounidense como en el métrico, para que no haya confusión durante la preparación. Si estás abasteciendo tu cocina, también es útil elegir un recipiente transparente donde puedas ver fácilmente el contenido de la receta.

Un buen juego de balanzas: El control de las porciones es esencial para preparar tu comida o postre favorito. Quieres una balanza que se adapte a tus necesidades. Considere estas opciones:

- *Buscar un botón de conversión:* Hay que saber convertir las medidas en gramos, ya que no todas las recetas las tienen indicadas. Los gramos mantienen el sistema en completa armonía.

- *Placa extraíble:* Mantén los gérmenes fuera de la báscula retirando el plato para ayudar a eliminar la acumulación de bacterias.

- *La función de tara:* Al poner un cuenco en la balanza, la función te permitirá volver a poner la balanza a cero (0).

Cuchillos afilados: Necesitarás un cuchillo afilado para muchas de tus opciones de comida. Puedes invertir en un afilador en casa. Si tu presupuesto te lo permite, adquiere herramientas de alta calidad, y mándalas a afilar a un profesional cada año.

Cernidor: Compra un buen colador por menos de 10 dólares y te asegurarás una medición más precisa para tus necesidades de cocina y repostería. También te ahorrará tiempo a la hora de combinar elementos, incluyendo harina, levadura en polvo, azúcar, etc.

Para algunas de las recetas se utilizará *papel de pergamino.* Los moldes para hornear están forrados con el papel para que los productos horneados no se peguen. Para la mayoría de las necesidades de horneado, puede omitir los aceites si elige el papel. Sin embargo, algunas recetas utilizan papel y aceites. ¡Es otra preferencia personal para ahorrarse el lío y el tiempo!

Éstas son sólo algunas indicaciones rápidas para que puedas disfrutar de cada una de las deliciosas recetas de Cocina Americana para conseguir el máximo resultado. Si eres principiante, puedes ir ampliando tu colección con el paso del tiempo. Considera lo que muchos de los profesionales sugieren, comprar artículos que mantengan la prueba del tiempo, pero teniendo en cuenta tus finanzas.

Capítulo 1: Los mejores desayunos

Magdalenas de manzana y maíz

Porciones: 12
Tiempo requerido: 40 minutos

Ingredientes necesarios:

- Manzana (1)
- Harina para todo uso (2 tazas)
- Azúcar moreno envasado (.25 taza)
- Sal (.25 cucharadita)
- Polvo para hornear (1 cucharada)
- Harina de maíz amarilla (.5 taza)
- Claras de huevo (2)
- Leche sin grasa (.75 taza)
- Granos de maíz (.5 taza)
- También se necesita: Molde para magdalenas de 12 tazas

Técnicas de preparación:

1. Calienta el horno para que alcance los 425º Fahrenheit.
2. Pela y pica toscamente la manzana.
3. Cubre los moldes para magdalenas con papel de aluminio o forros de papel.
4. Mezcla la harina de maíz, la levadura en polvo, la harina, el azúcar moreno y la sal en un recipiente.
5. Bate las claras de huevo en otro bol y añade la leche. Mezcla los trozos de manzana y el maíz.
6. Bate de nuevo y vierte la masa en la mezcla de harina. Sigue removiendo los ingredientes hasta que se humedezcan ligeramente.
7. Vierte la mezcla en los moldes (2/3 de su capacidad). Pon un temporizador para hornear durante media hora aproximadamente.
8. Comprueba que las magdalenas están listas presionando suavemente el centro. Están hechos cuando vuelven a saltar.

Pan de manzana con glaseado de vainilla

Porciones: 6-8
Tiempo requerido: 40 minutos

Ingredientes necesarios:

- Azúcar granulado (.33 taza)
- Nuez moscada (.25 cucharaditas)
- Canela (1 cucharadita)
- Galletas Pillsbury Grands Flaky Layers (16 oz.)
- Manzana mediana en rodajas finas (1)

- Aceite de cocina en aerosol (según sea necesario)
  Ingredientes - El glaseado:

- Extracto de vainilla (.25 cucharaditas)
- Leche (1,5 cucharadas)

Técnicas de preparación:

1. Ajusta la temperatura del horno a 350° Fahrenheit.
2. Prepara un molde para pan con una capa de papel pergamino para hornear. Rocía ligeramente con el aceite de cocina en spray.
3. Bate la canela, el azúcar y la nuez moscada en un plato llano y reserva por ahora.
4. Saca las galletas del recipiente y rebanarlas en mitades. Divide la masa en 16 rondas.
5. Cubre cada una de las rebanadas de manzana y la ronda de masa de galletas con la mezcla de canela y azúcar. Colócalas en el molde, alternando las rondas, comenzando con la galleta en la parte inferior, y terminar en la parte superior.
6. Hornea hasta que el pan esté hecho por todas partes o aproximadamente 35-45 minutos.
7. Prepara el glaseado de vainilla. Combina todos los ingredientes en un recipiente mediano y rocía sobre el pan horneado caliente.

Pan de banana

Porciones: 16
Tiempo requerido: 15 minutos

Ingredientes necesarios:

- Polvo de hornear (1 cucharadita)
- Stevia (.25 cucharadita)
- Goma xantana (.5 cucharaditas)
- Sal (.5 cucharadita)
- Harina de almendra (.75 taza)
- Harina de coco (.33 taza)
- Extracto de vainilla (1 cucharadita)
- Huevos medianos (6)
- Eritritol (.5 taza)
- Aceite de coco (3 cucharadas)
- Plátano mediano (1)
- Mantequilla derretida (.5 taza)

Técnicas de preparación:

1. Pon la temperatura del horno a 325° Fahrenheit. Engrasa un molde para pan.
2. Combina la harina de almendras y de coco con la goma xantana, la stevia, la sal, el eritritol y la levadura en polvo.
3. Corta el plátano en rodajas y añádelo a un procesador de alimentos con la mantequilla, el aceite, los huevos y el extracto de vainilla. Púlsalo durante un minuto y combínalo con el resto de los ingredientes.
4. Pulsa un minuto más hasta que esté bien mezclado. Vuelca la masa en el molde para pan y hornea durante 1 ¼ horas. Disfruta del desayuno o de la merienda en cualquier momento.

Bizcochos y salsa

Porciones: 8
Tiempo requerido: 15 minutos

Ingredientes necesarios:

Los bizchochos:
- Polvo de hornear (1 cucharadita)
- Harina de almendra (1 taza)
- Sal marina celta (0,25 cucharaditas)
- Claras de huevo (4)
- Mantequilla orgánica o aceite de coco frío (2 cucharadas)
- Opcional: Ajo u otra especia preferida (1 cucharadita)

La salsa:
- Caldo de pollo o carne (1 taza)
- Queso crema (1 taza)

- Pimienta negra molida (1 pizca)
- Sal marina celta (al gusto)
- Salchicha de cerdo orgánica desmenuzada (paquete de 10 onzas)

Técnicas de preparación:

1. Pon la temperatura del horno a 400º Fahrenheit. Prepara un molde para muffins o una bandeja para galletas usando un spray para hornear con aceite.
2. Corta la mantequilla en trozos, asegurándote de que esté fría. Bate las claras hasta que estén esponjosas.
3. En otro recipiente, mezcla la levadura en polvo y la harina. Incorpora la mantequilla y añade la sal. Incorpora la mezcla sobre las claras de huevo.
4. Deja caer la masa en el molde para hornear o en el molde para muffins.
5. Hornéalos durante 12-15 minutos.

Galletas con cheddar

Porciones:(4) 8 bizcochos–2 por porción
Tiempo requerido: 50 minutos

Ingredientes necesarios:

- Queso cheddar (1 taza)
- Queso crema (4 onzas)
- Queso mozzarella (1,5 tazas)
- Huevos grandes (2)
- Harina de almendra (.66 taza)
- Ajo en polvo granulado (.5 cucharaditas)
- Polvo para hornear (4 cucharaditas)
- Mantequilla (la necesaria para la sartén)

Técnicas de preparación:

1. Desmenuza la mozzarella y el queso cheddar, y combínalos con el queso crema para calentarlos en el microondas durante unos 45 segundos usando la configuración de alta potencia hasta que se derritan. Revuelve y vuelve a ponerlo durante 20 segundos más. Revuelve una vez más.
2. En otro recipiente, combina los huevos con la harina de almendras, el ajo en polvo y la levadura en polvo. Mézclalo todo y colócalo en una hoja de papel de plástico espolvoreado con harina. Enróllalo y métalo en la nevera durante 20-30 minutos.
3. Calienta el horno a 425° Fahrenheit. Prepara una fuente de horno de color oscuro con mantequilla.
4. Corta la masa fría en ocho gajos. Colócalos en la fuente preparada, dejando un poco de espacio entre cada uno.
5. Hornea por 10-12 minutos. Sácalas de la sartén para que se enfríen.

Huevos benedictinos

Porciones: 4
Tiempo requerido: 12 minutos
Ingredientes necesarios:

- Huevos (8)
- Vinagre de vino blanco (.25 taza)
- Salsa holandesa (al gusto)
- Jamón ahumado de calidad (4 rebanadas gruesas)
- Panecillos ingleses (4)

Técnicas de preparación:

1. Calienta la parrilla. Vierta el agua y el vinagre en un cazo.
2. Escalfa los huevos. Una vez que el agua esté hirviendo suavemente, rompe y desliza los huevos en el agua, evitando romper las yemas. Programa el temporizador durante tres minutos o hasta que las claras estén cuajadas y las yemas blandas.
3. Rebana y tuesta ambos lados del panecillo.
4. Prepáralos con una rebanada de jamón y deja que se caliente mientras está en la parrilla.
5. Pasa los huevos a una fuente forrada con una toalla durante un minuto antes de preparar el bocadillo.
6. Sirve con la salsa holandesa.

Manzanas fritas

Porciones: 10
Tiempo requerido: 30 minutos

Ingredientes necesarios:

- Mantequilla (3 cucharadas)
- Manzanas Golden Delicious (4 medianas)
- Azúcar granulada (.25 taza)
- Canela (1 cucharadita)
- Nuez moscada (0,25 cucharaditas)
- Azúcar moreno envasado (2 cucharadas)
- Sidra de manzana (.5 taza)
- Fécula de maíz (1 cucharada)
- También se necesita: sartén de 12 pulgadas

Técnicas de preparación:
1. Descorazona y rebana las manzanas en unas dos libras de cuñas de ¾ de pulgada.
2. Prepara una sartén utilizando el ajuste de temperatura media para derretir la mantequilla.
3. Añade las manzanas, las especias y el azúcar. Remueve y coloca una tapa en la sartén.
4. Cocina a fuego lento durante 11-14 minutos, removiendo de vez en cuando hasta que se ablanden.
5. Pasa a una fuente para mantener el calor.
6. Bate la sidra y la maicena y vierte en la sartén.
7. Cocina a fuego medio durante 30-60 segundos hasta que se espese.
8. Vierte la mezcla sobre las manzanas antes de servir.

Panqueques de limón y arándanos con ricotta

Porciones: 12 - 1 docena de panqueques
Tiempo requerido: 25 minutos

Ingredientes necesarios:

- Huevo (1)
- Leche (1,75 tazas)
- Queso ricotta (.5 taza)
- Mantequilla derretida (2 cucharadas)
- Harina (1,5 tazas)
- Sal (.5 cucharaditas)
- Azúcar (2 cucharadas)
- Polvo para hornear (3 cucharaditas)

- Vainilla (.5 cucharaditas)
- Arándanos frescos/congelados (1 taza)
- Zumo y ralladura de limón (1 limón)
- Leche (1 cucharada)
- Azúcar en polvo (1 taza)

Técnicas de preparación:

1. Calienta una sartén de hierro fundido o una plancha utilizando el ajuste de temperatura media.
2. Bate el huevo, la mantequilla derretida, la leche, el queso ricotta, la vainilla y la ralladura de limón.
3. Bate los ingredientes secos (sal, levadura en polvo y harina) en otro recipiente. Añade poco a poco los ingredientes hasta formar una masa. Espera unos cinco minutos. Añade más leche si se queda demasiado "hinchada".
4. Añade la mantequilla a la parrilla y caliéntala utilizando el ajuste de temperatura medio-bajo.
5. Vierte la mezcla en la plancha, añadiendo unos cuantos arándanos por encima de cada uno.
6. Dale la vuelta y cocina hasta que estén hechas. Mantén las tortitas calientes en el horno a 200° Fahrenheit mientras preparas el resto de las tortitas.
7. Bate la leche, el zumo y el azúcar en polvo (caliente si lo deseas) y sirve sobre las tortitas.

Avena de pastel de calabaza de la noche a la mañana

Porciones: 2
Tiempo requerido: 5 minutos

Ingredientes necesarios:

- Relleno de pastel de calabaza (.25 taza)
- Leche entera/su elección o yogur griego (.5 taza)
- Jarabe de arce (2 cucharaditas)
- Avena regular a la antigua (.75 taza)
- Opcional: Pasas (1 cucharada)

- Coco rallado (.25 taza)
- Semillas de chía (1 cucharadita)
- Proteína en polvo (1 cucharada)

Técnicas de preparación:

1. Bate la leche entera, el relleno de la tarta y el sirope de arce en un recipiente para mezclar hasta que esté suave y bien combinado (sin grumos).
2. Incorpora la avena y los demás ingredientes a la mezcla de la tarta de calabaza.
3. Cubre el recipiente o envasa individualmente los copos de avena en pequeños tarros de cristal con tapa, y déjalos enfriar cuatro horas o toda la noche para que se ablande la avena.
4. Una vez que haya pasado la noche, calienta los copos de avena en el microondas o disfrútalos fríos. La avena se mantendrá sabrosa en la nevera durante tres o cuatro días.

Gofres de patata

Porciones: 2
Tiempo requerido: 30 minutos

Ingredientes necesarios:

- Patata amarilla (6-8 oz./1 grande)
- Huevo (1 batido)
- Harina t (1 cucharada)
- Mantequilla derretida (1 cucharada)
- Sal (.5 cucharaditas)
- Polvo para hornear (.25 cucharaditas)

- Queso rallado (.5 taza + más para cubrir)
- Tocino (.25 taza - cocido desmenuzado + más para cubrir)

Para la guarnición:
- Nata fresca
- Cebollino fresco

Técnicas de preparación:

1. Calienta la gofrera mientras mides los ingredientes. Engrasa ligeramente la superficie de la gofrera según sea necesario.
2. Ralla la patata en un bol grande con un rallador de caja. Aprieta la patata rallada para extraer todo el líquido posible. A medida que vayas soltando líquido, viértelo en una taza aparte.
3. Al terminar, deja que el líquido en el bol se asiente durante un par de minutos. Una capa de almidón se depositará en el fondo del bol. Vierte suavemente el líquido, conservando el almidón que hay debajo. Añade esta fécula, incorporándola de nuevo a la patata rallada.
4. Bate y mezcla el huevo, la sal, la mantequilla, la levadura en polvo y la harina en la mezcla de patatas. Combina y añade el tocino y el queso.
5. Con una cuchara grande, extiende una capa uniforme de masa sobre la plancha caliente.
6. Cocina hasta que esté crujiente y dorada (5-7 minutos).
7. Pasa el gofre a un plato y cúbrelo con la crema fresca, el queso, el cebollino y el tocino. Sirve rápidamente.

Sandwiches de salchicha, huevo y queso para el desayuno

Porciones: 16
Tiempo requerido: 30 minutos

Ingredientes necesarios:

- Salchicha para el desayuno - ej. Jimmy Dean (2 lb.)
- Huevos (8)
- Leche (.5 taza)
- Pimienta negra y sal (al gusto)
- Queso Colby Jack (10 rebanadas)
- Panecillos hawaianos Kings (16)

Técnicas de preparación:

1. Pon la temperatura del horno a 350º Fahrenheit.
2. Bate los huevos, la sal, la pimienta y la leche.
3. Rocía ligeramente una cazuela con aceite de cocina en spray. Vierte la mezcla de huevos en la fuente.
4. Añade la salchicha en otra fuente de horno, haciendo una capa uniforme.
5. Hornea ambos platos durante unos 15 o 20 minutos.
6. Corta los panecillos en rodajas y pon una capa de salchicha sobre los panecillos, añadiendo el huevo y el queso. Añade la parte superior y métalos en el horno para que se derrita el queso.
7. ¡Ya estás listo para rebanar y servir para disfrutar de los sabrosos sandwiches!

Huevos revueltos con queso crema

Porciones: 2
Tiempo requerido: 17 minutos

Ingredientes necesarios:

- Huevos (4 grandes)
- Queso crema frío y completo (2 onzas).
- Mantequilla sin sal (2 cucharadas)
- Cebollino fresco (2 cucharaditas)
- Sal Kosher y pimienta negra (al gusto)

Técnicas de preparación:

1. Reúne todos los ingredientes.
2. Rompe los cuatro huevos en un recipiente grande y mézclalos enérgicamente hasta que estén espumosos.
3. Pica el queso crema en cubos de ½ pulgada y mézclalo con los huevos batidos.
4. Calienta una sartén a alta temperatura para derretir la mantequilla.
5. Cuando la mantequilla empiece a hacer espuma, añade la mezcla de huevos.
6. Cuando entre ½ y ¾ del huevo se haya convertido en cuajada, retira la sartén del quemador. Sigue moviendo los huevos con la espátula.
7. Sirve los huevos cuando estén bien cocidos a tu gusto.
8. Pica finamente el cebollino y añádelo con una pizca de pimienta y sal. Sirve enseguida.

Sémola al estilo sureño

Porciones: 4-6
Tiempo requerido: 35 minutos

Ingredientes necesarios:

- Agua (4 tazas)
- Sémola de maíz molida a la piedra - por ejemplo, Anson Mills (1,5 tazas)
- Hojas de laurel (2 secas)
- Sal Kosher (.5 cucharaditas)
- Mantequilla sin sal (1 barra/8 cucharadas)
- Queso parmesano (2 onzas)
- Nata líquida (1 taza)

Técnicas de preparación:

1. Vierte el agua en una olla u horno holandés con la sémola, las hojas de laurel y la sal. Deja que la mezcla llegue a hervir utilizando el ajuste de alta temperatura. Una vez hirviendo, pásala rápidamente a un quemador frío, tápala y espera unos 15 minutos.
2. Destapa y hierve la sémola de maíz a temperatura media-alta. Continúa la cocción durante 20-25 minutos.
3. Cuando el agua se haya absorbido en su mayor parte, retira la sartén del quemador y desecha las hojas de laurel.
4. Mezcla la mantequilla, la nata y el queso justo antes de servir.

Muffins de batata con cobertura de azúcar y canela

Porciones: 12
Tiempo requerido: 40 minutos

Ingredientes necesarios:

Los muffins:
- Harina para todo uso (1,75 tazas/8 oz.)
- Canela (.75 cdta.)
- Polvo de hornear (2,25 cucharaditas)
- Nuez moscada molida (.5 cucharaditas)

- Sal (.5 cucharaditas)
- Azúcar granulado (.25 taza)
- Huevos grandes (2)
- Azúcar moreno ligero envasado (.25 taza)
- Leche evaporada/entera (.5 taza)
- Extracto de vainilla (.5 cucharaditas)
- Aceite vegetal (.5 taza)
- Batatas recién cocidas o puré de batata de lata (1,33 tazas)
- Nueces picadas (.5 taza)
- Opcional: Pedacitos de caramelo/pedacitos de ladrillo (.5 taza)*Toppings*:
- Azúcar granulado (2 cucharadas)
- Canela molida (.5 cucharaditas)

Técnicas de preparación:

1. Calienta el horno a 375º Fahrenheit.
2. Unta con mantequilla o rocía los huecos de un molde para muffins de 12 tazas con aceite de cocina en aerosol.
3. Tamiza la levadura en polvo, la harina, la nuez moscada, la canela y la sal.
4. Bate los huevos con el azúcar moreno, el aceite vegetal, el azúcar granulado, la leche evaporada y el extracto de vainilla. Por último, mezcla el puré de batata y bate hasta que esté bien mezclado.
5. Incorpora la mezcla de harina a la masa de batatas, sólo hasta que se humedezca la mezcla seca. Incorporar las nueces y los trozos de caramelo. Llena los moldes para muffins casi hasta el tope.
6. Prepara la cobertura. Combina el azúcar granulado con la canela.
7. Espolvorea aproximadamente ½ cucharadita de la mezcla de canela y azúcar sobre los muffins.
8. Hornea los muffins durante 22-26 minutos hasta que estén bien dorados y sírvelos.

Capítulo 2: Los mejores con pollo

Pollo y Dumplings

Porciones: 8
Tiempo requerido: 20 minutos

Ingredientes necesarios:

- Carne de pollo cocida desmenuzada (3 tazas).
- Caldo de pollo (Tres latas de 14 onzas)
- Crema de pollo (Dos latas de 10,5 onzas)
- Masa de galleta refrigerada (Dos latas de 10 onzas)

Técnicas de preparación:

1. Revuelve el caldo de pollo, la sopa y el pollo en un horno holandés utilizando el ajuste de temperatura medio-alto.
2. Corta cada galleta en cuartos. Una vez que la sopa esté hirviendo a fuego lento, añada suavemente las galletas a la olla.
3. Ajusta la temperatura a media-baja y tapa.
4. Cocina a fuego lento las galletas hasta que la masa esté firme, pero no pastosa (10-15 minutos).

Pollo crujiente al horno

Porciones: 4
Tiempo requerido: 40 minutos + tiempo de marinado

Ingredientes necesarios:

- Muslos de pollo (8)
- Suero de leche sin grasa (4 tazas)
- Sal (.25 taza)
- Chili en polvo (1 cucharadita)
- Azúcar (.25 taza)
- Salsa picante - por ejemplo, Frank's Red-Hot (1 cucharada)
- Pan rallado Panko (2 tazas)
- Sal de ajo (.5 cucharaditas)
- Aceite vegetal/de canola (2 cucharadas)
- También se necesita: Bandeja para hornear con borde

Técnicas de preparación:

1. Mide y añade la sal, la salsa picante, el suero de leche, el azúcar y el pollo en una bolsa de plástico con cierre. Mezcla los ingredientes y métalos en la nevera para que se marinen durante un mínimo de dos horas. (Puedes dejarlo reposar hasta 12 horas o toda la noche).
2. Calienta el horno a 350° Fahrenheit. Ajusta la rejilla a la posición central.
3. Rompe el pan rallado en trozos más pequeños para el recubrimiento. Mézclalos en un recipiente con el aceite, el chile en polvo y la sal de ajo.
4. Saca el pollo marinado de la bolsa, dejando escurrir primero el exceso de líquido. Pasa cada pieza por el pan rallado hasta cubrirla.
5. Coloca los trozos en la bandeja de horno para hornearlos durante aproximadamente media hora, hasta que el pollo esté bien cocido y el pan rallado esté bien dorado.

Pollo a la naranja en Crockpot

Porciones: 4-6
Tiempo requerido: 3-6 horas–varía

Ingredientes necesarios:

- Pechugas de pollo (3 lb.)
- Salsa de soja (2 cucharadas)
- Salsa BBQ - por ejemplo, Sweet Baby Ray's® Original (.75 taza)
- Mermelada de naranja dulce Smuckers® (.75 taza)

Técnicas de preparación:

1. Descongela el pollo si está congelado, retirando toda la piel y los huesos. Mételo en el crockpot. Cierre bien la tapa.
2. Programa la olla durante tres horas con la función alta o seis horas con la función baja.
3. Escurre los jugos de cocción de la crockpot.
4. Corta el pollo en dados y vuelve a echarlo en la olla.
5. Mezcla la salsa barbacoa, la salsa de soja y la mermelada. Vierte la mezcla sobre el pollo y cierra la tapa. Pon la olla en la posición alta durante 30 minutos más.
6. Sirve con una porción de delicioso arroz.

Pollo a la miel y al ajo

Porciones: 4
Tiempo requerido: 15 minutos

Ingredientes necesarios:

- Aceite de oliva/canola (2 cucharaditas)
- Pechugas de pollo (1,5 lb.)
- Pimienta negra y sal (a su gusto)
- Miel (3 cucharadas)
- Salsa de soja (3 cucharadas)
- Ajo (3 dientes)
- Opcional: Copos de pimiento rojo (.25 taza)

Opcional: Para servir
- Cebollas verdes en rodajas
- Arroz integral
- Semillas de sésamo
- Rodajas de lima

Técnicas de preparación:

1. Calienta una sartén a temperatura media-alta y añade el aceite.
2. Limpia el pollo quitándole toda la grasa y los huesos, y córtalo en trozos de ½ pulgada, espolvoreando con pimienta y sal. Échalo en la sartén y fríelo (3-4 minutos).
3. Pica el ajo. Prepara el glaseado batiendo el ajo, la salsa de soja (preferiblemente baja en sodio), los copos de pimienta roja y la miel en un recipiente.
4. Mezcla el pollo con la salsa y cocina hasta que esté bien cocido (5-6 min.).
5. Sirve y disfrútalo con un chorrito de lima y tu guarnición favorita.

Pollo relleno de mozzarella a la parmesana

Porciones: 4
Tiempo requerido: 1 hora 15 minutos

Ingredientes necesarios:

- Pechugas de pollo (1 lb.)
- Mozzarella fresca (8 onzas)
- Pimienta negra y sal kosher
- Harina todo uso (1 taza)
- Huevos (3)
- Orégano seco (1 cucharadita)
- Pan rallado Panko (1 taza)
- Ajo en polvo (.5 cucharaditas)
- Parmesano - dividido (.5 taza)
- Para freír: Aceite de oliva
- Marinara (2 tazas)

- Albahaca en rodajas finas (.25 taza)
- Perejil picado (2 cucharadas)

Técnicas de preparación:

1. Calienta el horno a 425° Fahrenheit.
2. Usa un cuchillo afilado para quitar la grasa y los huesos del pollo. Rebana un bolsillo para el relleno en cada pechuga.
3. Rellena los bolsillos con mozzarella, presionando los bordes del pollo para sellarlos. Espolvorea con pimienta y sal.
4. Prepara tres cuencos poco profundos.
5. Bate los huevos en uno de ellos.
6. Mide la harina y el pan rallado. Prepara el pan rallado mezclándolo con la ½ cucharadita de sal, el ajo en polvo, el orégano y
¼ de taza de parmesano recién rallado.
7. Pasa el pollo relleno por cada uno de los cuencos;
a. Harina - sacudiendo el exceso
b. Huevo - sumerge el pollo - revolviendo para cubrir.
c. Pan rallado - cubre uniformemente.
8. Prepara una sartén grande utilizando el ajuste de temperatura media, y vierte una fina capa de aceite.
9. Cocina el pollo relleno durante unos cuatro minutos por cada lado.
10. Vierte y remueve la marinara y la albahaca. Apaga el fuego y espolvorea el resto del parmesano sobre el pollo.
11. Pasa la sartén al horno calentado para que se cocine durante unos 20 minutos.
12. Sirve caliente con una pizca de perejil fresco.

Pechuga de pollo rápida y fácil en el Air Fryer

Porciones: 2
Tiempo requerido: 30 minutos

Ingredientes necesarios:

- Huevo (1 grande)
- Harina para todo uso (.25 taza)
- Pan rallado Panko (.75 taza)
- Parmesano fresco rallado (.33 taza)
- Ralladura de limón (2 cucharaditas)
- Pimienta de cayena (.5 cucharaditas)
- Orégano - seco (1 cucharadita)
- Pimienta negra y sal kosher
- Pechugas de pollo (2)

Técnicas de preparación:
1. Bate los huevos en un plato llano. En otro recipiente, añadir la harina. En un tercer recipiente poco profundo, mezcla el orégano, el parmesano, el panko, la ralladura de limón, la sal, la pimienta y la cayena.
2. Desecha los huesos y la grasa del pollo. Pasa el pollo por la harina, los huevos y la mezcla de panko, removiendo en cada uno de ellos para cubrirlo bien.
3. Individualmente, coloca el pollo recubierto en la cesta de la Air Fryer.
4. Deja que la Air Fryer se caliente a 375° Fahrenheit y cocínalos durante diez minutos.
5. Corta el pollo y continúa freyendo al aire hasta que el recubrimiento esté crujiente (5 min.).

Pollo asado con salsa

Porciones: 4-6
Tiempo requerido: 2 horas

Ingredientes necesarios:

- Pollo criado al natural (3 lb.)
- Romero (2 ramitas)
- Tomillo (2 ramitas)
- Ajo (2 dientes)
- Perejil (1 ramita)
- Mantequilla ablandada - dividida (3 cucharadas)
- Pimentón (1 cucharadita)
- Sal marina
- Cebolla mediana (1 cuarto)
- Harina de uso general (1 cucharada)
- Caldo de pollo hecho en casa o comprado de buena calidad (2 tazas)

Técnicas de preparación:

1. Calienta el horno a 400° Fahrenheit.
2. Enjuaga bien el pollo y sécalo con varias toallas de papel.
3. Ata el tomillo, el romero y el perejil con un hilo de cocina 100% algodón y mételo junto con el ajo dentro de la cavidad del ave.
4. Frota el exterior con dos cucharadas de mantequilla y espolvorear con pimentón y sal. Pon el pollo en una rejilla de asar en una bandeja de asar. Coloca los cuartos de cebolla en la rejilla debajo del pollo.

5. Espera a que el pollo alcance la temperatura ambiente antes de colocarlo en la rejilla central del horno. Pon un temporizador y asarlo durante 15 minutos.
6. Ajusta la temperatura del horno a 350° Fahrenheit y asa hasta que esté bien hecho o tenga una temperatura interna de 170° Fahrenheit (75 a 90 minutos).
7. Transfiere el pollo de la rejilla y déjalo reposar en una bandeja.
8. Prepara la salsa. Escurre los jugos de la bandeja de asar en una taza de medir y quita la grasa para otro uso. Añade el resto de los jugos al caldo. Deja la cebolla en la sartén para asar.
9. Combina la harina y la cucharada restante de mantequilla. Añada esa mezcla a la bandeja de asar.
10. Pon la sartén en la estufa usando el ajuste de temperatura medio-alto.
11. Remueve la mezcla de mantequilla y harina durante uno o dos minutos o hasta que se derrita y haga burbujas. Vierte ½ taza de la mezcla de caldo en la sartén, raspando suavemente con una espátula de madera para desglasar la sartén. Vierte el líquido y los sólidos en una cacerola, incluyendo la sal, la pimienta y la mezcla de caldo restante.
12. Hiérvelo utilizando el ajuste de temperatura media.
13. Cocina a fuego lento la salsa de 10 a 20 minutos para que se reduzca a la consistencia de salsa. Sírvelo con el pollo trinchado.

Capítulo 3: Los mejores de carne molida

Goulash de ternera americano

Porciones: 6
Tiempo requerido: 40 minutos

Ingredientes necesarios:

- Macarrones secos de codo (1,5 tazas)
- Carne picada de ternera (1,5 lb.)

- Cebolla (1 mediana)
- Dientes de ajo (2 medianos)
- Condimento italiano (1 cucharadita)
- Sal sazonadora - por ejemplo, Lawry's (1 cucharadita)
- Pimienta negra, recién molida (.5 cucharaditas)
- Opcional: Condimento cajún - ex. Slap Ya Mama (.25-.5 cdta.)
- Hojas de laurel (2 pequeñas)
- Salsa de tomate (lata de 8 onzas)
- Opcional: Azúcar granulada (1 pizca)
- Tomates en dados sin escurrir (2 latas de 14,5 onzas cada una)
- Opcional: Escamas de pimiento rojo

Técnicas de preparación:

1. Pica la cebolla y pica los clavos.
2. Prepara los macarrones hasta que estén al dente (reservando dos tazas del agua de la pasta). Vuelca los macarrones en un colador para escurrirlos.
3. Saltea la carne sin tapar, escurriendo la grasa de la cocción. Incorpora la cebolla y el ajo para saltearlos durante cinco o seis minutos.
4. Mezcla el condimento italiano, la sal sazonada, la pimienta, las hojas de laurel y el condimento cajún.
5. Vierte los tomates cortados en dados sin escurrir, el azúcar y la salsa de tomate, raspando los sabrosos trozos dorados.
6. Una vez que la mezcla esté hirviendo, ajusta la temperatura y tápala. Cocina a fuego

lento durante 15 minutos, removiendo de vez en cuando.
7. Vierte los macarrones y el agua de la pasta reservada según sea necesario para aflojar la mezcla. Sigue cocinando a fuego lento hasta que la pasta esté bien caliente. Espolvorea con pimienta roja al gusto.
8. Retira la sartén a un quemador frío y desecha las hojas de laurel.
9. Sirve rápidamente.
10. Para una variación de queso, corta en cubos aproximadamente ½ taza de Velveeta y revuélvelo justo antes de servir, hasta que esté derretido y cremoso.

Hamburguesas a la barbacoa

Porciones: 6
Tiempo requerido: 40 minutos

Ingredientes necesarios:

La salsa:
- Azúcar moreno envasado (.5 taza)
- Ketchup (1 taza)
- Salsa Worcestershire (1,5 cucharaditas)
- Azúcar (1/3 de taza)
- Melaza (.25 taza)

- Miel (.25 taza)
- Mostaza preparada (2 cucharaditas)
- Pimienta (1/8 cucharadita)
- Sal (.25 cucharaditas)
- Humo líquido (.25 cucharadita)

Las hamburguesas:

- Huevo batido (1 grande)
- Avena de cocción rápida (1/3 de taza)
- Sal de cebolla (.25 cucharaditas)
- Pimienta (.25 cucharaditas)
- Sal de ajo (0,25 cucharaditas)
- Sal (⅛ cucharadita)
- Carne picada (1,5 lb.)
- Panes de hamburguesa partidos (6)

Técnicas de preparación:

1. Calienta un cazo pequeño y combina los diez primeros ingredientes de la salsa. Una vez hirviendo, hazlaa un lado.Reserva una taza de la salsa para servir con las hamburguesas.
2. Bate el huevo y mezclarlo con la avena, la sal de cebolla, la sal de ajo, la pimienta, la sal y ¼ de taza de la salsa bbq. Mezcla con la carne y da forma a seis hamburguesas.
3. Asa a la parrilla con la tapa puesta utilizando el ajuste de temperatura media para alcanzar una temperatura interna de 160° Fahrenheit (6-8 minutos por lado).
4. Unta con ½ taza de la salsa durante los últimos cinco minutos del ciclo de asado.
5. Sirve en panecillos utilizando la salsa barbacoa reservada y adorna a tu gusto.

Cazuela de ternera con queso al estilo de Texas

Porciones: 8
Tiempo requerido: 40 minutos

Ingredientes necesarios:

- Carne molida (1 libra)
- Cebolla (1 mediana)
- Frijoles negros (lata de 15 onzas)
- Salsa picante (1 taza)
- Chili en polvo (.5 cucharaditas)
- Crema de pollo condensada sin diluir (lata de 10,5 oz.)
- Tomates y chiles verdes sin escurrir - picados (lata de 10 oz.)
- Chiles verdes (lata de 4 oz.)

- Chips de tortilla - machacados - por ejemplo, con sabor a nacho/planos (paquete de 9.75 oz.)
- Queso afilado y Monterey Jack rallado (1 taza de cada uno)
- También se necesita: Recipiente para hornear de 2,5 cuartos ligeramente engrasado

Técnicas de preparación:

1. Pica la cebolla y los chiles verdes. Enjuagar y escurrir los frijoles.
2. Prepara una sartén a temperatura media para cocinar la cebolla y la carne de res y la cebolla hasta que estén bien hechas (6-8 min.), rompiendo la carne en migajas, y escurre.
   Incorpora los frijoles, la salsa picante y el chile en polvo.
3. Combina la sopa, los tomates y los chiles verdes en un recipiente para mezclar.
4. Coloca en capas la mitad de las papas fritas, la mezcla de carne, la mezcla de sopa y los quesos. Continúa colocando capas hasta que se utilicen todos los ingredientes.
5. Calienta en el microondas con la función media-alta, sin tapar, hasta que se caliente bien y el queso se derrita (12 min.).
6. Sirve con una porción de aguacate y crema agria.

Sloppy Joes con chile chipotle

Porciones: 6
Tiempo requerido: 35 minutos

Ingredientes necesarios:

- Carne molida magra (1 libra)
- Cebolla dulce (1 taza)
- Pimiento verde (.5 taza)
- Opcional: Pimiento jalapeño - sin semillas (1)
- Salsa de chile (.5 taza)
- Agua (.5 taza)
- Chiles chipotle en salsa de adobo (1-2)
- Mostaza amarilla (1 cucharadita)

- Azúcar moreno envasado (1 cucharada)
- Panecillos de hamburguesa partidos o panecillos kaiser (6)
- Mantequilla ablandada (2 cucharadas)
- Opcional: Pepinillos en rodajas

Técnicas de preparación:

1. Pica finamente la cebolla, el pimiento y los chiles jalapeños y chipotles.
2. Calienta la parrilla del horno.
3. Prepara una sartén grande de hierro fundido utilizando el ajuste de temperatura media para saltear el pimiento verde, la cebolla y el jalapeño, y (5-7 min.).
4. Escurre los ingredientes y añade la salsa de chile, el azúcar moreno y la mostaza, el agua y los chiles chipotle; lleva los ingredientes a ebullición. Cocina a fuego lento, sin tapar (8-10 min.) removiendo de vez en cuando.
5. Unta ligeramente con mantequilla los lados cortados de los panecillos y colócalos en una bandeja de horno con el lado untado con mantequilla hacia arriba. Asa a tres o cuatro pulgadas del fuego hasta que estén ligeramente tostadas (30 seg.). Rellena con la mezcla de carne y los pepinillos.

Chili de Cincinnati

Porciones: 4
Tiempo requerido: 40 minutos

Ingredientes necesarios:

- Espaguetis multigrano (12 oz.)
- Aceite vegetal (2 cucharaditas)
- Solomillo de ternera picado (12 onzas)
- Cebolla (1 pequeña)
- Ajo (2 dientes)
- Chili en polvo (2 cucharadas)
- Cacao sin azúcar (1 cucharada)
- Pimienta negra y sal (0,25 cucharaditas cada una)
- Azúcar moreno (1 cucharada)
- Canela (1 cucharadita)
- Comino molido (0,5 cucharaditas)

- Tomates triturados sin sal añadida (lata de 28 oz. al gusto)
- Alubias rojas (lata de 15,5 onzas)
- Queso cheddar (1 taza)
- Cebollas verdes (3)

Técnicas de preparación:

1. Cubre una olla de agua con sal, poniendo la temperatura en el nivel alto. Cocine los espaguetis como indica la etiqueta.
2. Calienta el aceite en una cacerola de tres cuartos de galón a temperatura media-alta.
3. Cocina el ajo, la cebolla y la carne durante dos minutos, removiendo y deshaciendo la carne con una cuchara de madera.
4. Añade la canela, el comino, el chile en polvo, el cacao, el azúcar, la pimienta y la sal. Cocina durante un minuto sin dejar de remover. Añade los tomates.
5. Cocina a fuego lento durante ocho minutos o hasta que espese ligeramente. Incorpora los frijoles y cocina a fuego lento durante dos minutos o hasta que los frijoles se calienten bien.
6. Escurre los espaguetis y repártelos en cuatro platos. Cubre con el chile, el queso y las cebollas verdes.

Pastel de carne familiar

Porciones: 16
Tiempo requerido: 1 hora 15 minutos

Ingredientes necesarios:

- Azúcar moreno ligero (.25 taza)
- Salsa de soja baja en sodio (4 cucharaditas)
- Ketchup (1,25 tazas)
- Salsa Worcestershire (.25 taza)
- Pan fresco (2 tazas)
- Leche entera (.5 taza)
- Apio (.5 taza)
- Cebolla (1 taza)
- Ajo (1 cucharada)
- Perejil (.25 taza)
- Mostaza seca (1 cucharada)
- Pimienta negra gruesa (1 cucharadita)
- Tomillo fresco (2 cucharaditas)

- Huevos grandes (3)
- Sal Kosher (2 cucharaditas)
- Carne molida:
  - Carne de vaca (1.5 lb.)
  - Cerdo (1 lb.)
  - Ternera (.5 lb.)
- Cebolla (1 mediana)
- Tomillo (8 ramitas)
- Tocino (6 rebanadas)
- También se necesita: Molde para pan - 16x5 pulgadas

Técnicas de preparación:

1. Prepara una bandeja de horno con una capa de papel de hornear. Engrasa ligeramente un molde para pan.
2. Bate el ketchup, el azúcar moreno, la salsa Worcestershire y la salsa de soja en un recipiente. Reservar.
3. Calienta el horno a 400° Fahrenheit. Añade la leche y el pan en un recipiente y déjalo reposar durante cinco minutos.
4. Pica y combina el ajo, el apio, la cebolla, los huevos, el perejil, la mostaza, el tomillo, la pimienta y la sal en un recipiente para mezclar. Mezcla el pan, la carne y 1/3 de taza del glaseado de ketchup.
5. Pasa la mezcla de carne a la sartén preparada y cubre con 1/3 de taza del glaseado de ketchup.
6. Mezcla los aros de cebolla con dos cucharadas del glaseado de ketchup y repartirlos por encima del pastel de carne. Echa las ramitas de tomillo sobre las cebollas y retorcer el tocino sobre el pastel.
7. Coloca el molde en la rejilla central del horno sobre una bandeja para evitar que se derrame y hornear durante 15 minutos.
8. Ajusta la temperatura del horno a 350° Fahrenheit y hornea hasta alcanzar una temperatura interna de 160° Fahrenheit (50 min.).
9. Pasa la sartén a la encimera para que repose. Sirve después de 15 minutos con el resto del delicioso glaseado.

Hamburguesas de tocino y queso glaseadas

Porciones: 4
Tiempo requerido: 20 minutos

Ingredientes necesarios:

- Azúcar moreno (3 cucharadas)
- Ajo en polvo (.5 cucharaditas)
- Pimentón (1,5 cucharaditas)
- Comino molido (.5 cucharaditas)
- Chipotle en polvo (.25 cucharaditas)
- Sal (.25 cucharaditas)
- Pimienta negra recién molida (.25 cucharaditas)
- Carne molida (1 lb.)

- Queso cheddar afilado rallado (.5 taza)
- Tocino (6 rebanadas)
- Panecillos (4)

Técnicas de preparación:
1. Calienta el grill a temperatura media. Bate la pimienta, la sal, las especias y el azúcar y reserva.
2. Forma la carne en ocho hamburguesas.
3. Mezcla el queso y el tocino desmenuzado cocido y espolvorea sobre cuatro de las hamburguesas.
4. Añade las otras cuatro hamburguesas por encima, apretando todo en una sola hamburguesa.
5. Cubre cada una de las hamburguesas con la mezcla de especias y ásalas unos cinco minutos por cada lado (para que queden medianas).
6. Sirve con tus guarniciones favoritas o directamente en la parrilla.

Pastel de carne al pastor en una sola sartén

Porciones: 8-10
Tiempo requerido: 55 minutos

Ingredientes necesarios:

- Aceite de oliva (3 cucharadas)
- Carne picada (2 lb. de carne magra)
- Mantequilla sin sal (3 cucharadas)
- Cebolla amarilla (1 grande)
- Zanahorias (2-3)
- Setas baby portobello/cremini (12-16 onzas)
- Ajo (4 dientes)
- Sal Kosher - dividida (1 cucharada)
- Orégano seco (1,5 cucharaditas)
- Pasta de tomate (3-6 cucharadas/al gusto)
- Caldo de carne (.5-1 taza)
- Salsa Worcestershire (1 cucharadita)

- Pimienta negra (.5 cucharaditas/al gusto)
- Puré de patatas (3-4 tazas)
- Queso parmesano rallado (1/3 de taza)
- Mantequilla (1,5 cucharadas)
- La guarnición: Perejil fresco

Técnicas de preparación:

1. Pelay cortaen dados las cebollas y las zanahorias. Enjuaga y cortaen cuartos los champiñones. Picael ajo y el perejil.
2. Calienta el horno a 375º Fahrenheit.
3. Utiliza el ajuste de temperatura media para calentar una sartén de hierro fundido. Vierte el aceite y la carne para cocer a fuego lento durante cuatro minutos, rompiéndola en trozos mientras se cocina. Escurre la grasa y escúrrela sobre una capa de toallas de papel en un recipiente para mezclar.
4. Añade la mantequilla a la sartén para que se derrita. Añade las zanahorias preparadas, la cebolla, el ajo, los champiñones, la mitad de la sal y el orégano. Cocina a fuego lento durante ocho o diez minutos, removiendo de forma intermitente.

5. Añade la pasta de tomate y remueve mientras se cocina de cinco a siete minutos.
6. Vuelve a añadir la carne a la sartén con la salsa Worcestershire, el caldo de carne, la pimienta y el resto de la sal. Cocina a fuego lento durante varios minutos hasta que se espese.
7. Cubre con una capa de puré de patatas y parmesano.
8. Desgrana las patatas y salpica con dados de mantequilla.
9. Hornea de 40 a 45 minutos. Espera de cinco a diez minutos para servir con una porción de perejil recién picado.

Tacos de carne de Texas

Porciones: 10
Tiempo requerido: 30 minutos

Ingredientes necesarios:

- Carne picada magra (1,5 lb.)
- Cebolla (1 pequeña)
- Pimiento rojo dulce (1 mediano)
- Salsa de tomate (lata de 8 onzas)
- Tomates en dados (lata de 14,5 onzas)
- Maíz congelado (1,33 tazas)
- Chili en polvo (2 cucharadas)
- Sal (.5 cucharaditas)
- Arroz integral listo para servir (paquete de 8,8 oz.)
- Conchas para tacos (20 calentadas)

Técnicas de preparación:

1. Pica la cebolla y el pimiento. Escurre los tomates y descongela el maíz.
2. Prepara un horno holandés utilizando el ajuste de temperatura media. Mezcla el pimiento rojo, las cebollas y la carne de vacuno para cocinar a fuego lento hasta que todo esté hecho (8-10 min.). Escurre la grasa.
3. Incorpora la sal, el chile en polvo, la salsa de tomate, el maíz y los tomates.
4. Una vez que la mezcla empiece a hervir, añade el arroz y caliéntalo bien.
5. Sirve en las conchas con los aderezos que prefieras, como lechuga, tomate o una porción de crema agria reducida en grasas.

Hamburguesas glaseadas con Worcestershire

Porciones: 8
Tiempo requerido: 35 minutos

Ingredientes necesarios:

- Carne molida (2,5 lb.)
- Pimienta negra y sal kosher (al gusto)
- Salsa Worcestershire (3 cucharadas)
- Panes de hamburguesa (8)
- Aceite de canola (según sea necesario)

Para servir:

- Lechuga
- Tomates rebanados
- Encurtidos
- Queso

Técnicas de preparación:
1. Prepara la parrilla utilizando la posición media-alta. Limpia y engrasa ligeramente las rejillas con aceite antes de empezar a cocinar.
2. Forma la carne en ocho hamburguesas de ¾ de pulgada, espolvoreando con pimienta y sal.
3. Haz una ligera hendidura en cada hamburguesa y asar hasta que se levanten fácilmente de las rejillas (3-4 min.).
4. Dale la vuelta y asa el segundo lado, rociando con Worcestershire durante unos cuatro minutos para que estén a punto.
5. Prepara las hamburguesas glaseadas y sírvelas en panecillos con los aderezos a tu gusto.

80

Capítulo 4: Los mejores con cortes de carne

Carne a la Stroganoff

Porciones: 4
Tiempo requerido: 35 minutos

Ingredientes necesarios:

- Cebolla (.5 taza)
- Bistec redondo de ternera deshuesado (.5 lb.)
- Fideos de huevo sin cocer (4 tazas)
- Harina para todo uso (1 cucharada)
- Agua (.5 taza)

- Crema de champiñones sin diluir (la mitad de una lata pequeña)
- Pimentón (.5 cucharaditas)
- Crema agria sin grasa (.5 taza)

Técnicas de preparación:

1. Retira la grasa del filete y rebánalo en trozos de ¾ de pulgada de grosor.
2. Calienta una sartén a temperatura media. Pica y mezcla las cebollas para saltearlas durante unos cinco minutos. Echa la carne en la sartén para que se cocine otros cinco minutos. Escúrrela y resérvala.
3. Hierve una cacerola grande o una olla holandesa con unos ¾ de agua. Cuando esté hirviendo, añade los fideos para que se cocinen durante unos 10-12 minutos. Escurre bien la pasta.
4. En otro cazo, mezcla el agua, la sopa y la harina a fuego medio. Mezcla con el pimentón.
5. Mezcla los dos hasta que se calienten bien. Coloca la cacerola en otra hornilla apagada y mezcla con la crema agria.
6. Revuelve y sirve.

Filete de pollo frito

Porciones: 4
Tiempo requerido: 45 minutos

Ingredientes necesarios:

- Bistec (1 lb.)
- Harina todo uso (2 tazas)
- Pimentón (1 cucharada)
- Pimienta de cayena (1 cucharadita)
- Suero de leche/alternativa: Huevos (2 tazas)
- Pimienta negra y sal
- Aceite neutro (unas cuantas tazas/lo necesario para freír)

La salsa:

- Harina (4 cucharadas)
- Mantequilla (2 cucharadas)
- Aceite de freír (2 cdas.)
- Leche (2 tazas)
- Pimienta negra y sal (a su gusto)

Técnicas de preparación:

1. Rebana los filetes en un grosor de ¼ de pulgada y machácalos con un ablandador. Espolvorea el utilizando una porción de pimienta y sal.
2. Vierte la harina en un recipiente grande para mezclar y añade los condimentos.
3. Pasa los cortes de filete por el suero de leche y los huevos batidos. Pásalos por la mezcla de harina. Reservar la carne.
4. Vierte el aceite en una sartén a temperatura media-alta. Una vez que la sartén se haya calentado, añade suficiente aceite para que los filetes lleguen hasta la mitad.
5. Echa los cortes de filete en el aceite y fríelos durante cuatro minutos por cada lado. Puedes trabajarlos en tandas, para que no se toquen.
6. Pasa los filetes a una fuente forrada con papel de cocina para que se escurran.
7. Desecha todo el aceite de la sartén excepto unas dos cucharadas y deja todos los trozos dorados.

8. Echa la mantequilla en la sartén para ayudar a eliminar los trozos de filete del fondo. Ajusta la temperatura a la posición baja.
9. Espolvorea la harina y bate para hacer un roux. Cocina a fuego lento aproximadamente un minuto hasta que el roux se dore.
10. Incorpora lentamente la leche - aproximadamente ½ taza cada vez- batiendo hasta eliminar los grumos. Vierte la leche y una generosa cantidad de pimienta y sal (al gusto), y cocina a fuego lento hasta que espese.
11. Sirve los deliciosos filetes al estilo campestre con salsa y acompañamientos como patatas, una ensalada o galletas.

Bistec a la pimienta en Crockpot

Porciones: 4-6
Tiempo requerido: 8 horas (tiempo de cocción) +20 minutos

Ingredientes necesarios:

- Carne de vacuno guisada (16 oz.)
- Pimientos morrones (2)
- Aceite vegetal (1 cucharada/ según sea necesario)
- Salsa Worcestershire (3 cucharadas)
- Ajo (1 cucharadita)
- Tomates guisados (1 lata grande/como se desee)
- Caldo de carne (1 lata)
- Sal de temporada (1 cucharadita/al gusto)
- Harina todo uso (1-2 cucharadas/al gusto)

Técnicas de preparación:

1. Bate la harina y sazona con sal y luego reboza la carne en la mezcla.
2. Calienta el aceite en una sartén y añade el ajo picado, la carne y los pimientos (en tiras). Saltéalos hasta que la carne empiece a dorarse.
3. Pasa la mezcla de la sartén al slow cooker dejando la grasa.
4. En la misma sartén, vierte los tomates guisados con su jugo y una lata de caldo de carne.
5. Mezcla poco a poco la harina, sin dejar de remover, hasta conseguir una salsa. Échala sobre la carne en el slow cooker.
6. Cierra bien la tapa y programa el temporizador para ocho horas utilizando el ajuste de baja temperatura.

Sandwiches de queso de Filadelfia

Porciones: 12 sliders
Tiempo requerido: 45 minutos

Ingredientes necesarios:

- Aceite de oliva (1 cucharada)
- Pimiento verde (1 grande)
- Cebolla (1 grande)
- Bistec recién cortado (.5 lb.)
- Salsa Worcestershire (1 cucharada)
- Ajo molido en polvo (.5 cucharaditas)
- Pimienta y sal (a su gusto)
- Panecillos de pan dulce (paquete de 12)
- Queso Provolone (6 rebanadas)
- Mantequilla derretida (1 cucharada)
- Tomillo seco - sin moler (1 cucharadita)
- Salsa Worcestershire (.5 cucharaditas)

Técnicas de preparación:

1. Ajusta la temperatura del horno a 400° Fahrenheit.
2. Prepara una sartén para calentar el aceite. Rebana y echa las cebollas y los pimientos verdes. Saltéalos a temperatura media-alta, removiendo de vez en cuando hasta que los pimientos y las cebollas se ablanden.
3. Añade el filete afeitado, el ajo en polvo, la sal, la pimienta y la salsa Worcestershire. Separa el filete con dos tenedores para evitar que se apelmace. Cocina hasta que el filete ya no esté rojo y reservarlo.
4. Corta los panecillos por la mitad horizontalmente, manteniendo intacto el paquete de 12 panecillos. Acomódalos en una bandeja de horno. Reparte la mezcla de carne sobre los panecillos con una rebanada de queso y la mitad superior de los panecillos.
5. Derrite y bate la mantequilla y mézclala con el tomillo seco y la salsa Worcestershire. Unta la mezcla de mantequilla generosamente sobre la parte superior de los bollos.
6. Introduce los sándwiches en el horno caliente hasta que el queso se haya derretido (17-20 min.). Sirve cuando estén a tu gusto.

Quesadillas de cheesecake

Porciones: 8
Tiempo requerido: 40 minutos

Ingredientes necesarios:

- Solomillo de ternera (1 libra)
- Cebollas (2 pequeñas)
- Pimientos verdes (2)
- Salsa barbacoa, por ejemplo - Bull's-Eye Texas-Style Bold (1 taza)
- Tortillas de harina (de 8 a 10 pulgadas)
- Queso cheddar rallado (2 tazas)

Técnicas de preparación:

1. Pon el horno a 425° Fahrenheit.
2. Calienta una sartén a temperatura media. Rebana finamente y agrega la carne de res para que se cocine a fuego lento hasta que se dore (5 a 7 min.).
3. Corta en rodajas y añadir los pimientos y las cebollas. Cocina a fuego lento, removiendo hasta que se ablanden (5-10 min.). Vierte la salsa barbacoa sobre la mezcla de carne y cocina a fuego lento hasta que la salsa se reduzca ligeramente (10 min.)
4. Coloca 4 tortillas en una bandeja de horno y prepáralas con la mezcla de carne y el queso. Cubre cada capa de queso con una tortilla.
5. Hornea durante diez minutos; dale la vuelta a las quesadillas y sigue cocinando hasta que el queso se derrita (5 minutos más).

92

Capítulo 5: Los mejores con mariscos

Bacalao en Air Fryer

Porciones: 2
Tiempo requerido: 20 minutos

Ingredientes necesarios:

- Bacalao (1 libra de bacalao)
- Sal kosher
- Pimienta negra y sal kosher (al gusto)
- Harina todo uso(.5 taza)

- Huevo (1 grande)
- Pan rallado Panko (2 tazas)
- Condimento Old Bay (1 cucharadita)

Para servir:

- Salsa tártara
- Gajos de limón

Técnicas de preparación:

1. Seca el pescado y rebánalo en cuatro tiras. Espolvorea ambos lados con sal y pimienta.
2. Reparte la harina, el huevo y el pan rallado con Old Bay en tres cuencos poco profundos.
3. Pasa el pescado de uno en uno por la harina, el huevo y, por último, por la mezcla de panko, presionando para cubrirlo.
4. Trabajando en tandas, coloca el pescado en la cesta de la freidora de aire y cocina a 400° Fahrenheit durante 10-12 minutos, dándole la vuelta suavemente a mitad del ciclo de cocción.
5. Sirve con trozos de limón y salsa tártara.

Bagre al horno

Porciones: 4
Tiempo requerido: 30 minutos

Ingredientes necesarios:

- Aceite de oliva - dividido (.25 taza)
- Harina de maíz (1 taza)
- Condimento cajún (1 cucharada)
- Bagre (4 filetes)
- Sal Kosher y pimienta
- Gajos de limón al gusto

Técnicas de preparación:

1. Calienta el horno a 425° Fahrenheit y rocía dos cucharadas de aceite sobre una bandeja grande para hornear.
2. En un plato grande, combina el condimento cajún, la sal, la pimienta y la harina de maíz.
3. Pasa el pescado por la harina de maíz, presionando para cubrirlo.
4. Coloca el pescado en la bandeja de horno preparada y rociar con las dos cucharadas restantes de aceite.
5. Hornea hasta que el pescado se desmenuce fácilmente con un tenedor (15 min.). Reparte en los platos y sirve con una guarnición de gajos de limón.

El mejor sandwich de atún

Porciones: 4
Tiempo requerido: 45 minutos

Ingredientes necesarios:

- Mayonesa (.33 taza)
- Zumo de ½ limón
- Opcional: Hojuelas de pimiento rojo machacadas (.5 cucharaditas)
- Atún (2 - latas de 6 onzas)
- Apio (1 costilla)
- Pepinillos de eneldo (2)
- Cebolla roja (.25 taza)
- Perejil fresco picado (2 cucharadas)
- Pimienta negra y sal (al gusto)

- Pan de masa madre (9 rebanadas)
- Mantequilla (2 cucharadas)
- Tomate (1 rebanada)
- Cheddar (8 rebanadas)

Técnicas de preparación:

1. Pon el horno a 400° Fahrenheit.
2. Bate la mayonesa, el zumo de limón y las escamas de pimienta roja.
3. Escurre el atún y mézclalo con la mezcla de mayonesa.
4. Desmenuza el atún con un tenedor y pícalo finamente. Añade el apio, los pepinillos, la cebolla roja, la sal, la pimienta y el perejil, removiendo para combinar.
5. Unta con mantequilla un lado de cada rebanada de pan. Cubre un lado sin mantequilla con aproximadamente ½ taza de ensalada de atún, dos o tres rebanadas de tomate y dos rebanadas de queso. Cubre con otra rebanada de pan, con el lado de la mantequilla hacia arriba.
6. Continúa con el resto de los ingredientes y colócalos en una bandeja de horno grande.
7. Hornea el sándwich hasta que el queso se derrita (5-8 min.).

Sándwich de bagre ennegrecido con col y aguacate

Porciones: 4
Tiempo requerido: 15 minutos

Ingredientes necesarios:

- Yogur natural estilo griego (1 taza)
- Sriracha (1 cucharadita)
- Jugo de una lima
- Aceite de canola (1 cucharada)
- Filetes de bagre o tilapia (4 @ 6 oz. cada uno)

- Condimento para ennegrecer (1 cucharada)
- Panecillos integrales con semillas de sésamo (4)
- Aguacate (1)
- Col roja rallada (2 tazas)
- Cebollas en escabeche

Técnicas de preparación:

1. Combina el yogur, el zumo de lima y la sriracha. Deja la mezcla a un lado por ahora.
2. Calienta el aceite en una sartén de hierro fundido utilizando el ajuste de alta temperatura.
3. Frota los filetes de pescado por ambos lados con abundante condimento para ennegrecer.
4. Una vez que el aceite de la sartén esté humeante, añade el pescado y cocínalo, sin tocarlo, hasta que se forme una costra oscura (3 min.).
5. Dale la vuelta a los filetes y cocínalos hasta que el pescado se desmenuce con una suave presión del dedo (2-3 min.).
6. Mientras tanto, tuesta los panecillos (con el corte hacia arriba) bajo la parrilla.
7. Pela, rebana y reparte el aguacate y la col entre los bollos. Cubre con el pescado caliente, la salsa de yogur y las cebollas.

Rollo de langosta al estilo de Connecticut

Porciones: 4
Tiempo requerido: 45 minutos

Ingredientes necesarios:

- Colas de langosta, cocidas al vapor, sin carne y picadas (3 - 12-oz./3 tazas)
- Mantequilla (.25 taza - dividida)
- Panecillos para perritos calientes con la parte superior abierta (4)
- Cebollino fresco picado (2 cucharadas)
- Sal Kosher
- Pimienta negra
- Gajos de limón - según se desee para servir

Técnicas de preparación:

1. Derrite dos cucharadas de mantequilla y píntala sobre los lados cortados de los panes para perros calientes. Calienta una sartén grande a temperatura media y añade los panecillos con el lado cortado hacia abajo. (Es más fácil trabajar por tandas.) Tuesta los bollos hasta que se doren al gusto (1-2 minutos).
2. Sácalos de la sartén y añade el resto de la mantequilla. Ajusta la temperatura a baja.
3. Añade el bogavante con la mantequilla derretida y cocina a fuego lento hasta que se caliente bien (3-4 min.). Espolvorea el bogavante con pimienta y sal.
4. Rellena los bollos tostados con el bogavante y espolvorea con cebollino picado. Sirve con trozos de limón para darle un toque extra de sabor.

Tazones de gambas y lentejas de la Costa Este

Porciones: 4
Tiempo requerido: 35 minutos

Ingredientes necesarios:

- Lentejas marrones secas (.5 taza)
- Aceite de oliva (1 cucharada)
- Sal (.125 cucharaditas)
- Agua (1,75 tazas)
- Ajo en polvo - dividido (2 cucharadas)
- Camarones crudos (26-30 cuentas/1 libra)
- Condimento para mariscos (2 cucharaditas)

- Mantequilla (2 cucharadas)
- Copos de pimienta roja triturados (.5 cucharaditas)
- Zumo de limón (2 cucharaditas)
- Espinacas tiernas frescas (3 tazas)
- Nuez moscada molida (.25 cucharaditas)
- Cebolla dulce (.25 taza)
- Gajos de limón

Técnicas de preparación:

1. Enjuaga las espinacas en un colador y resérvalas para escurrirlas.
2. Enjuaga las lentejas y añádelas con el aceite, la sal, el agua y una cucharada de ajo en polvo en una cacerola pequeña. Una vez que esté hirviendo, ajusta la temperatura a fuego lento, tapado, hasta que las lentejas estén tiernas (17-20 min.).
3. Pela, desvena y mezcla las gambas con el condimento para mariscos.
4. Prepara una sartén grande para derretir la mantequilla a temperatura media-alta. Añade los copos de pimienta y el resto del ajo en polvo y remueve durante medio minuto.
5. Incorpora las gambas y cocine a fuego lento,

6. removiendo hasta que las gambas se vuelvan rosadas (3-4 minutos). Añade el zumo de limón y retira las gambas de la sartén, manteniéndolas calientes.
7. Añade las espinacas y la nuez moscada a la sartén y cocina a fuego lento a temperatura media-alta hasta que las espinacas se marchiten. Retirar del fuego.
8. Divide las lentejas en cuatro cuencos, añadiendo las gambas, las espinacas y la cebolla finamente picada. Sirve con trozos de limón.

Platija al ajo y parmesano

Porciones: 4
Tiempo requerido: 35 minutos

Ingredientes necesarios:

- Aceite de oliva (.25 taza)
- Platija (4 filetes)
- Sal y pimienta (a su gusto)
- Queso parmesano - recién rallado (.5 taza)
- Pan rallado (.25 taza)
- Ajo (4 dientes)
- Jugo y ralladura de 1 limón

Técnicas de preparación:

1. Pon el horno a 425° Fahrenheit. Rocía dos cucharadas de aceite sobre una bandeja de horno grande.
2. Espolvorea la platija con la pimienta y la sal.
3. En una bandeja grande, combina el parmesano, el pan rallado, el ajo picado y la ralladura de limón.
4. Pasa el pescado por la mezcla de pan rallado, presionando para cubrirlo.
5. Coloca el pescado en la bandeja de horno engrasada y rocía con las dos cucharadas restantes de aceite y el zumo de limón.
6. Hornea hasta que el pescado esté dorado y escamado (20 min.).

Trucha frita al limón

Porciones: 2
Tiempo requerido: 25 minutos

Ingredientes necesarios:

- Trucha (1 grande entera/libra)
- Mezcla para hornear y hacer panqueques (1 plato)
- Pimienta negra recién molida y sal
- Pimienta de limón
- Mezcla de triple aceite (2-3 cucharadas/ver más abajo)
- Cáscara de limón - rallada

La mezcla de aceites - 1/3 de cucharada de cada uno:
- Aceite de coco virgen prensado en frío - fundido
- Aceite de oliva - extra virgen (de alta calidad)
- Aceite de sésamo sin refinar

Técnicas de preparación:

1. Enjuaga el pescado con agua fría y sécalo con papel de cocina. Corta el pescado en diagonal por ambos lados.
2. Bate la pimienta y la sal con la mezcla para hornear para cubrir el pescado.
3. Calienta el aceite triple en una sartén grande hasta que burbujee. Añade y cocina la trucha durante unos cinco minutos por cada lado hasta que se dore y se desmenuce fácilmente con un tenedor.
4. Espolvorea con un poco de ralladura de limón y sirve.
5. *Nota:* Se puede preparar el pescado con la cabeza o sin ella, pero hay que quitarle las agallas. Se puede servir entero o fileteado antes de servir.

Salmón con tocino y maple

Porciones: 6
Tiempo requerido: 50 minutos

Ingredientes necesarios:

El salmón:
- Limón (1 - cuñas y zumo - 2 cucharadas)
- Filete de salmón con piel (2,25 lb.)
- Sal rosa del Himalaya - ajo - condimento para todo uso - pimienta negra (2 1/2 cucharaditas - divididas)
- Aceite de oliva (.33 taza)
- Jarabe de arce (2 cucharadas)
- Mostaza de Dijon (1 cucharada)

- Para adornar: Cebollino picado

El tocino confitado:

- Azúcar moreno envasado (1 cucharada).
- Sal rosa del Himalaya (0,25 cucharaditas/al gusto)
- Pimienta negra
- Condimento de ajo para todo uso
- Jarabe de arce (3 cucharadas)
- Tocino (6 rebanadas)
- También se necesita: Fuente de horno de 9x13 pulgadas

Técnicas de preparación:

1. Ajusta la temperatura del horno a 400° Fahrenheit. Coloca las rebanadas de limón y el salmón en una fuente de horno con dos cucharaditas de la sal rosa, la pimienta y el condimento de ajo.
2. Bate la mostaza, el aceite, el sirope de arce, el zumo de limón y la ½ cucharadita restante de sal rosa, el condimento y la pimienta. Vierte la salsa sobre el pescado.
3. Asa el salmón hasta que se desmenuce fácilmente con un tenedor (20-25 min.). Ajusta el horno a la posición de asado. Añade el salmón y ásalo hasta que esté dorado (3 min.).
4. Prepara el tocino confitado. Bate el sirope de arce con la pimienta, ¼ de cucharadita de sal rosa, el azúcar moreno y el condimento de ajo.
5. Calienta una sartén a temperatura media. Fríe el tocino hasta que esté ligeramente dorado por ambos lados (4 minutos por cada lado), escurriendo la grasa.
6. Desmenuza el tocino y devuélvelo a la sartén y añade la mezcla de sirope de arce, girando las rebanadas a menudo hasta que el tocino esté glaseado (3-4 min.).
7. Pasa el tocino a una bandeja de horno para que se enfríe.
8. Adorna el salmón con los trozos de tocino y el cebollino para servir.

CPSIA information can be obtained
at www.ICGtesting.com
Printed in the USA
BVHW090914070521
606761BV00008B/204